ÉCOLE FRANÇAISE D'ATHÈNES

MÉDÉON DE PHOCIDE

RAPPORT PROVISOIRE

PAR

Claude VATIN

ECOLE FRANÇAISE D'ATHÈNES

EN DÉPÔT

AUX ÉDITIONS E. DE BOCCARD

1, rue de Médicis, PARIS - VIᵉ

1969

MÉDÉON DE PHOCIDE

L'implantation d'une usine pour le traitement de la bauxite par la Société « l'Aluminium de Grèce » sur le golfe d'Anticyra, au pied de la colline de Saint-Théodore a rendu nécessaire une fouille d'urgence des secteurs d'intérêt archéologique les plus menacés par les travaux.

L'existence d'un site antique à cet endroit était déjà connue des voyageurs du XIXᵉ siècle (cf. Leake, *Travels in Northern Greece* II, p. 537) et les murs d'enceinte de l'acropole de Saint-Théodore (fig. 1) sont encore dans un bon état de conservation (fig. 2). Une série de sondages rapides effectués par Sotiriadis en 1907 (cf. *Praktika* 1907, p. 111) avait révélé la présence d'une nécropole mycénienne au Nord-Est de l'enceinte (les trouvailles sont exposées au musée de Chéronée) ; enfin, une ruine, presque complètement ensevelie dans la petite plaine littorale au Sud-Est de l'acropole, connue sous le nom de « Pyrgos », pouvait être le reste d'un établissement médiéval. L'identification du site avec celui de Médéon, bien qu'on n'en ait pas de preuve formelle, ne semble pas douteuse (cf. P. Amandry, *BCH* 1940, pp. 272-273).

L'acropole, en pente douce au Nord-Ouest, surplombe au Sud-Est la plaine littorale qui était plantée d'oliviers par les moines d'Hosios Loukas ; elle est elle-même dominée au nord par un massif montagneux ; la route qui va d'Anticyra à la plaine littorale passe nécessairement par le col qui sépare l'acropole de Médéon des pentes de la montagne (fig. 4).

La fouille d'urgence était limitée au dégagement des ruines médiévales de la plaine et à l'exploration du segment de la future route situé au col de Saint-Théodore où la présence d'une nécropole antique avait été signalée par la fouille de 1907 ; elle a été entreprise par l'École Française en collaboration avec le Service archéologique grec, du 19 novembre 1962 au 10 avril

Fig. 1. — L'acropole de Médéon vue de l'Ouest ; on distingue la ligne sombre du mur d'enceinte.

1963 ; le chantier grec était dirigé par Mlle Constantinou, éphore des Antiquités et Mr Siméonoglou, épimélète ; le chantier français par François Salviat, secrétaire général de l'École Française, Claude Vatin, Christian Llinas, Olivier Pelon, membres français, Mlle Anne Bovon, membre suisse, et, depuis le 20 février 1963, Tony Hackens, membre belge. L'équipe

Fig. 2. — Le mur d'enceinte au Sud-Ouest.

française a ouvert simultanément deux chantiers ; l'un dans la plaine, a mis au jour une église byzantine du xie siècle, transformée en tour au xive siècle (fouillée du 19 novembre au 20 février), reposant sur un établissement romain et paléochrétien (fouillé du 20 février au 10 avril) ; l'autre, au col de Saint-Théodore (du 19 novembre au 10 avril), avait pour objet l'exploration systématique du terrain situé sur le passage de la future route ; l'axe de la route ayant été jalonné de 10 m en 10 m par les topographes de l'Aluminium de Grèce, ces repères ont servi de base à un quadrillage sur une longueur de 250 mètres et une largeur variant, selon la nature du terrain, de 4 à 14 mètres. On a ainsi effectué 55 sondages de 4 m × 4 m qui ont permis de dégager 93 tombes, mycéniennes, géométriques et hellénistiques, et de trouver des vestiges de l'occupation du site depuis la fin de l'âge du Bronze ancien et l'âge du Bronze moyen

jusqu'à l'époque hellénistique. L'équipe grecque a procédé à
une fouille étendue des tombes sur les pentes de la montagne
qui domine l'acropole de Médéon : 173 tombes géométriques,
archaïques et classiques ont été ainsi fouillées. Cette exploration

Fig. 3. — Tombe géométrique (61), coupée par une tombe hellénistique (62).

a montré que la nécropole antique s'étendait très largement
sur ces pentes où de très nombreuses tombes restent à découvrir.
Les vestiges archéologiques sont d'ailleurs très nombreux
tout autour de l'acropole : on aperçoit des restes de murs antiques
à l'Est aussi bien qu'à l'Ouest du col, sur une distance de près
de deux kilomètres ; on trouve, au bord de la mer, à l'Ouest
de l'acropole, des tessons, des silex, de l'obsidienne, dans un

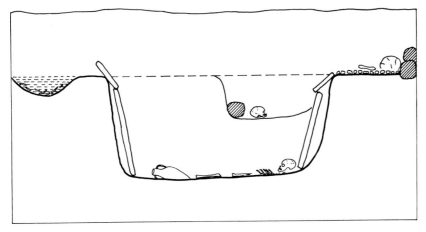

Coupe Est-Ouest du carré O1
tombes 56, 62, 62 bis et 61

0   1M.

Fig. 5. — Coupe Est-Ouest : tombe 56 (incinération), tombes 62 et 62 *bis*
(inhumations hellénistiques), tombe 61 (inhumation géométrique).

niveau, en place, qui semble Helladique moyen. L'acropole
elle-même qui était exclue de ces recherches, est riche de pro-
messes.

Le matériel exhumé au terme de cinq mois de fouilles est
trop abondant pour qu'on puisse en donner dès maintenant[1]
un inventaire complet et une description exhaustive. Les
conclusions présentées ci-dessous sont donc nécessairement
provisoires.

(1) Le texte de ce rapport préliminaire a été rédigé en juin 1964 ; la publication
en a été différée pour des raisons indépendantes de notre volonté.

PREMIÈRE PARTIE

TOPOGRAPHIE DE LA NÉCROPOLE

I

A l'Est de la fouille de 1907

La zone sondée était traversée par des murs (Est-Ouest), délimitant en gros trois terrasses successives du Nord au Sud où furent découvertes des tombes géométriques et hellénistiques. Des alternances d'érosion et de glissement de terrain ont profondément modifié à plusieurs reprises la physionomie de ce secteur ; la couche de terre végétale y est actuellement assez mince et dépasse rarement 50 cm ; on est presque immédiatement au niveau des tombes géométriques ; en revanche, les tombes hellénistiques sont enfouies beaucoup plus profondément (fig. 5 et 6), à près d'un mètre sous le niveau géométrique. Près de la fouille de Sotiriadis, la situation est déjà très différente : l'érosion antique a été beaucoup moins forte, les niveaux anciens sont restés en place et les tombes hellénistiques sont au-dessus des tombes géométriques (fig. 8). Le groupement des tombes 56, 61, 62, 62 *bis* et 63 est assez caractéristique de cette zone de la nécropole ; on a pu distinguer nettement trois niveaux :

1) Affleurant le sol actuel, la fosse à incinération nº *56*, creusée de 20 à 30 cm dans le sol naturel et la ciste ellipsoïdale à fond de gravier nº *61* (fig. 5), toutes d'eux d'époque géométrique, avaient été très endommagées par l'érosion et par les inhumations postérieures.

2) A 1 m sous les tombes géométriques, les inhumations hellénistiques avaient entaillé profondément la roche tendre.

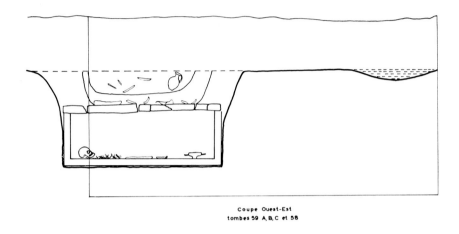

Coupe Ouest-Est
tombes 59 A, B, C et 58

Fig. 6. — Coupe Ouest-Est : tombes 59 A, B, C (inhumations hellénistiques), tombe 58 (incinération).

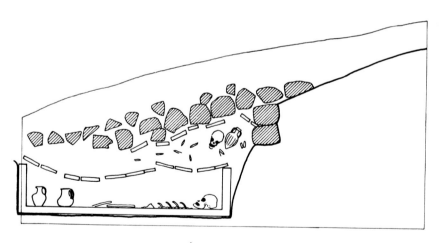

Carré 1C coupe Sud-Nord
t.60 et 60 bis

Fig. 7. — Coupe Sud-Nord : deux inhumations hellénistiques superposées (60, 60 *bis*)

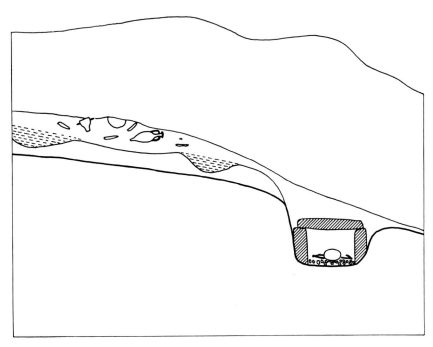

Carré 1D coupe Nord-Sud
tombes 230, 219, 221, 225

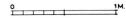

Fig. 8. — Coupe Nord-Sud : tombe 230 (incinération), 219 (inhumation hellénistique), 221 (incinération), 225 (inhumation géométrique).

La tombe *62* (fig. 9) est une simple fosse rectangulaire longue d'environ 2 mètres, orientée Est-Ouest, délimitée à l'Est et à l'Ouest par deux tuiles ; il ne restait pas trace de couverture ; le mort, tête à l'Ouest, avait les bras croisés et les jambes repliées ; près du crâne, une monnaie d'argent et un strigile de fer ; à ses pieds, une amphore, une cruche à anse double, une coupelle et un bol à pied vernis, avec décor de guirlandes en peinture blanche de la première moitié du IIIe siècle.

Au Sud-Est et contiguë à la tombe 62, la tombe *63* est une simple fosse (1,80 m × 0,60 m) creusée dans le sol naturel à même profondeur que la précédente, sans pierres ni tuiles sur les parois. Le squelette avait presque entièrement disparu, mais les restes montrent qu'il était dans la même position que celui de la tombe 62 : à gauche de la tête, deux petites œnochoés à anse surélevée, à ses pieds une cruche pansue, et sur une petite plate-forme ménagée à l'Est de la tombe, une coupe, une assiette et une petite œnochoé. Cette tombe est contemporaine de la précédente.

3) Le troisième niveau d'inhumations est défini par la tombe *62 bis*, inhumation d'enfant postérieure à la tombe 62 et effectuée sur son emplacement, à une profondeur intermédiaire entre le niveau de la tombe 61 et celui de la tombe 62. Elle était signalée par une rangée de pierres ; seul le crâne était conservé, avec une petite coupelle à vernis noir, des osselets et un galet poli.

*
* *

A proximité de la région fouillée en 1907, deux sépultures de femmes de l'époque géométrique étaient heureusement bien conservées : les tombes 43 et 44 sont toutes deux des inhumations en ciste.

Tombe *43* : petit rectangle (0,87 m × 0,45 m) de pierres ᵃires, orienté Sud-Nord, couvert d'une plaque de calcaire ; ᵈeur 0,43 m. La morte avait été placée en position ᵉe, jambes repliées bras fléchis, mains sur le haut des cu. ᵉ portait des hélikes de bronze dans les cheveux, un cᵤ ᵖerles de bronze, un bracelet de bronze à chaque bras, uᵢ ᵢ de fer à la main droite ; à ses genoux, une œnochoé b. ᵉ forme ovoïde à embouchure ronde et petit pied conique.

Tombe *44* : pᵤ ᵗe ciste rectangulaire de quatre orthostates de calcaire, à fonᵈ ᵢe gravier, couverte d'une dalle de calcaire.

Fig. 9. — Inhumation hellénistique n° 62.

Fig. 10. — Ciste géométrique n° 44.

Fig. 11. — Les fosses à incinération et le monument d'Alkidamos.

Le corps était en position très fortement contractée. La morte portait un collier de perles de bronze, des hélikes d'or et de bronze dans les cheveux, un bracelet de bronze à chaque bras, un anneau de fer ; près de la tête, une double hache découpée dans une feuille de bronze (fig. 10). Dans tout ce secteur, au contact du sol vierge, les vestiges mésohelladiques étaient abondants, surtout les fragments de vases à peinture mate.

II

Nettoyages et recherches complémentaires sur la fouille de 1907

Les sondages S1, S2, S3, S4, S5 ont eu pour but le nettoyage d'un vaste secteur où Sotiriadis avait fouillé des tombes mycéniennes à chambre encore assez bien conservées ; les résultats ont dépassé toute attente : une nouvelle tombe mycénienne inviolée et plusieurs dizaines de fosses à incinération protogéométriques et géométriques ont été mises au jour. On ne signalera que les découvertes les plus significatives.

Ce secteur était un des plus riches de la nécropole par l'ampleur des monuments et la densité des tombes (fig. 11). La plus imposante est la tombe à chambre « Sotiriadis 2 », rectangulaire avec dromos longitudinal en escalier ; les longs côtés de la chambre forment une amorce de voûte à encorbellement, recouverte ensuite par de larges plaques de calcaire (fig. 12). Au Nord-Est de cette tombe, le monument « d'Alkidamos » (on y a trouvé une stèle funéraire portant ce nom) (fig. 13), adossé à la pente, se présente comme une longue base, orientée Est-Ouest ; la partie supérieure du monument a disparu, à l'exception d'un bloc ; les pierres portaient des scellements verticaux et horizontaux en pi. Plus à l'Est, et à un niveau un peu plus élevé, existait une enceinte funéraire, à l'intérieur de laquelle se trouvaient deux sarcophages.

Les alentours du monument « d'Alkidamos » constituent à eux seuls un bon résumé de l'histoire de Médéon. Au contact du sol vierge on trouve partout une grande quantité de tessons mésohelladiques : minyen gris, imitation de minyen noir avec incisions, gobelets et coupes en peinture mate sur fond jaune lustré ; une anse de cruche jaune clair à faux rivets ressemble singulièrement à un fragment trouvé à Corinthe et considéré comme protohelladique (*Hesperia* 1960, p. 250, pl. 63 C).

Devant le dromos de la tombe mycénienne « Sotiriadis 2 »

Fig. 12. — La tombe mycénienne « Sotiriadis 2 » ; au second plan, monument d'Alkidamos.

Fig. 13. — La stèle d'Alkidamos.

Fig. 14. — La tombe mycénienne 99 en cours d'exploration.

Fig. 15. — La tombe 99 après la fouille.

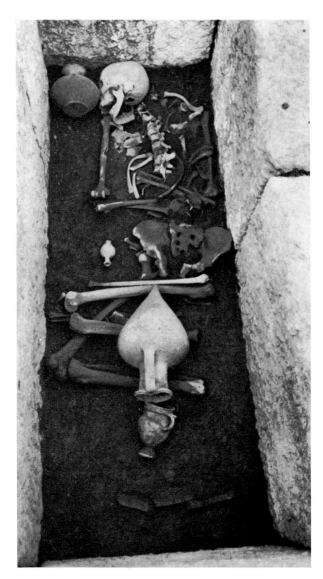

Fig. 16. — Tombe hellénistique n° 115.

on a trouvé les restes de trois corps entassés avec quelques bijoux de pâte de verre et un petit vase. Il ne s'agit probablement que d'ossements expulsés de la tombe à chambre par les Mycéniens plutôt que d'une inhumation proprement dite. Beaucoup plus intéressante est la tombe *99*, trouvée immédiatement au Sud et au pied des fondations du monument « d'Alkidamos », (fig. 14 et 15). C'est une fosse rectangulaire, de dimensions assez réduites (1 m × 2 m), en pierres à peine dégrossies et mal appareillées ; elle était recouverte de plaques mais possédait peut-être aussi une ouverture latérale ; la plaque de l'extrémité Est a été retrouvée en place, brisée. Profonde de près d'un mètre, la tombe a été utilisée pour plusieurs inhumations successives, sans que l'entassement dans un espace restreint permette de déterminer plusieurs niveaux. Le mobilier était cependant relativement homogène et ne comprenait aucun vase à étrier, mais des alabastres, des tasses à anse verticale ou horizontale, datés de l'Helladique récent III A 1 et III A 2, rien en tout cas qui soit plus récent que le début du HR III B. A cette céramique étaient associés des bijoux : perles de cristal, de pâte de verre, boutons gravés de stéatite, fusaïoles de même matière et un petit bouclier bilobé en ivoire. Il faut y ajouter des figurines en phi et en psi.

Les fosses à incinération qui ont été creusées immédiatement au Nord des tombes mycéniennes ont été perturbées par l'implantation du monument « d'Alkidamos » qui les a recouvertes ou détruites ; il en reste un témoin avec la tombe *121* engagée en partie sous les fondations du monument : fosse à incinération du type habituel où furent retrouvés les débris d'une jarre non tournée, avec anses verticales à bouton et un anneau de bronze.

Les monuments de la fin du ive siècle se sont donc implantés directement sur la nécropole géométrique, sans niveau intermédiaire. L'enceinte funéraire aux deux sarcophages, sans doute postérieure au monument « d'Alkidamos », ne doit pas l'être de beaucoup. Il en va de même pour la double inhumation *115* et *115 bis* découverte au Sud des tombes mycéniennes (fig. 16).

115 bis est une inhumation sommaire, sans protection, au-dessus de la tombe 115, fragments de vases et ossements y étaient mélangés et bousculés.

115 est une inhumation en ciste rectangulaire (1,60 m × 0,58 m) soigneusement construite avec de beaux orthostates de calcaire, couverte de trois dalles de calcaire. Le mort était couché sur le côté droit, les mains croisées sur le ventre, les

Fig. 17. — Fosse à incinération 196 et inhumation en pithos n° 195.

Fig. 18. — La zòne des grandes tombes mycéniennes 29 et 29 *bis* (au centre).

Fig. 19. — Cistes géométriques au-dessus des tombes 29 et 29 *bis*.

Fig. 20. — Tombe 29 *bis* en cours d'exploration.

jambes repliées ; dans sa bouche, neuf monnaies de bronze ; à droite de la tête, un skyphos ; près du bras droit, un unguentarium ; à ses pieds, une amphore, une cruche à anse double, un strigile (début du IIIe siècle).

L'ensemble S2, S3 et S4 constitue une terrasse en pente douce Nord-Sud, bordée au Nord par une petit mur d'époque mycénienne qui définit la limite Sud de la terrasse supérieure (S5). Les fosses à incinération y sont très nombreuses : n° 167, 168, 173, 175, 182, 183, 206.

Toutes les fosses à incinération de cette terrasse inférieure appartiennent à la nécropole géométrique la plus ancienne : x^e-ixe siècle, comme si les premières tombes protogéométriques avaient été groupées autour de grandes tombes mycéniennes. La terrasse supérieure n'a été utilisée qu'à une date plus récente.

En S5 on a rencontré deux types de sépulture : des fosses à incinération, dont le caractère n'a pas changé depuis l'époque protogéométrique, mais qui sont le plus souvent du viiie siècle (n° 196, 197, 198, 205, 214, 218, 228), des inhumations en pithos (n° 195, 201, 209) qui sont le plus souvent postérieures aux incinérations (fig. 17).

III

La nécropole mycénienne et géométrique, de la fouille de 1907 au col de Saint-Théodore

Dans toute cette région (fig. 18), le rocher affleure souvent et le niveau archéologique n'est jamais très épais, la terre ayant été entraînée par l'érosion dans le ravin que surplombent les murs de l'acropole. On a retrouvé cependant des traces d'occupation de presque toutes les époques : mésohelladique en 5 *bis*, 5 B, 6 A, B, C, D, mycénienne, avec une tombe à ciste (n° 19 en 5 *ter*) et deux grandes tombes (n° 29 et 29 *bis* en 6 B et 6 D), des inhumations et incinérations géométriques dispersées dans tout le secteur ; en 5 et 5 B on a probablement une enceinte funéraire du vi^e siècle, mais aucune tombe n'y a été trouvée ; les niveaux postérieurs ne sont représentés que par des tessons épars.

Dans les sondages 6 A, B, C, D, on a mis au jour un complexe de tombes mycéniennes et géométriques superposées (fig. 19). Sur les ruines de deux grandes tombes rectangulaires contiguës, se sont implantées successivement deux fosses à incinération et trois cistes ellipsoïdales (23, 33, 67, 23 *bis*, 28 *bis*).

Les deux grandes tombes mycéniennes 29 et 29 *bis* ont été trouvées inviolées après le dégagement des tombes géométriques qui les recouvraient ; elles sont à peu près de mêmes dimensions et semblent contemporaines ; elles se présentent sous la forme de deux grands rectangles de pierres sèches, d'un appareil assez grossier, et étaient couvertes de longues dalles dont les débris avaient été utilisés pour les inhumations géométriques ; la tombe 29, à l'Ouest, est un peu plus grande que la tombe 29 *bis*, respectivement 1,90 m × 4 m et 1,90 m × 3,45 m.

N° 29 bis : dans la partie *Nord* de la tombe, sur 1 m de largeur environ, plusieurs corps avaient été inhumés dans un grand désordre, et les squelettes étaient très mal conservés (fig. 20). Au milieu des ossements dispersés, mais concentrés surtout à l'Est, douze vases ont été trouvés intacts : dix amphores à étrier et deux lécythes HR III C, ainsi que des fusaïoles de stéatite, des boutons de stéatite gravés, des éléments de collier en pâte de verre, des éléments de collier en or. Un deuxième groupe d'objets fut découvert sous les ossements : boutons gravés, éléments de collier en or, amphores à étrier HR III C intactes, un alabastre cylindrique HR III B et une amphore piriforme HR III B, une figurine en psi HR III B. La tombe gardait donc des traces d'inhumation antérieures d'époques successives, qui n'avaient pas été évacuées entièrement pour faire place aux nouvelles inhumations.

N° 29 : elle contenait les restes d'une douzaine de squelettes, en grand désordre et tout aussi endommagés que ceux de la tombe 29 *bis* ; les ossements étaient dispersés sur une surface beaucoup plus grande, mais la moitié Sud-Est était cependant inoccupée. A ce niveau, aucun vase entier n'a été découvert, les fragments appartiennent à des périodes diverses (HR III A-B-C), ils étaient accompagnés de bijoux d'or (perles de collier), de perles d'ambre, d'éléments de collier en pâte de verre, de boutons gravés de stéatite et de pâte de verre, et de fusaïoles de stéatite. Sous les ossements, d'autres bijoux d'or furent trouvés en assez grand nombre, mais ils appartenaient certainement au même niveau d'inhumations : quatre pendentifs, une grande rosace, des éléments de collier en forme de coquillage et des perles rondes ou oblongues ; les bijoux de pâte de verre étaient également très abondants, ainsi que les perles d'ambre et les fusaïoles de stéatite ; deux idoles en phi appartenaient aussi à ce niveau.

Au Sud-Est, une fosse à peu près rectangulaire, protégée par une plaque de couverture, a servi de dépôt lors des nettoyages successifs de la tombe. Le niveau supérieur était caractérisé par une relative abondance de bijoux d'or, de pâte de verre et de stéatite ; au milieu d'un amas compact d'ossements, se trouvaient des vases de bronze et une pointe de lance associées à des vases HR III B ; au fond de la fosse (qui avait près d'1 m de profondeur), plusieurs vases HR III A ou début III B, des idoles en phi et en psi et de nombreux bijoux en or, en pâte de verre, des perles d'ambre, des boutons gravés de stéatite et de pâte de verre, des fusaïoles de stéatite. La tombe 29, comme la tombe 29 *bis*, a donc été utilisée du HR III A au HR III C et le dépôt creusé à l'extrémité de la tombe nous a heureusement conservé le mobilier des inhumations les plus anciennes.

En résumé, les deux grandes tombes mycéniennes (fig. 21) ont été construites au début du HR III A dans un niveau mésohelladique, dont les vestiges ont été retrouvés tout autour des deux tombes (tessons chamois lustrés à peinture mate lie de vin) ; elles ont été utilisées de façon continue, semble-t-il, entre 1400 et 1100, puis abandonnées, sans que leur existence soit pour autant oubliée : les incinérations protogéométriques, les cistes géométriques anciennes utiliseront les ruines ; puis l'endroit sera définitivement abandonné et partiellement recouvert par la terre descendue des pentes.

IV

Le col de Saint-Théodore

Le niveau du col a été à l'origine beaucoup plus bas qu'il n'est aujourd'hui ; à l'âge du Bronze, un ravin profond séparait l'acropole de la montagne qui lui fait face ; ce ravin a été peu à peu comblé par la terre descendue des pentes au Nord et au Sud. Il n'y a donc pas de niveaux d'occupation proprement dits, mais le plus souvent des dépôts successifs d'alluvions. Dans cette région de passage qui constitue l'accès obligatoire à l'acropole, aucune tombe n'a été découverte, mais les sondages ont permis de préciser les indications de la nécropole sur la durée de l'occupation du site.

Le niveau le plus ancien reconnu dans cette zone est mésohelladique : il est très caractéristique et homogène dans l'un des sondages, au contact du rocher, à 5 m sous le sol actuel et sur une épaisseur de près d'un mètre ; les fragments de coupe en minyen gris et imitation de minyen noir dominent, la céramique chamois lustrée y est inconnue. Ce niveau n'est pratiquement

Fig. 21. — Tombes 29 et 29 *bis* après la fouille (à droite, nᵒ 29).

Fig. 22. — La région Ouest vue de l'acropole.

Fig. 23. — Les sondages de l'Ouest ; à gauche, la tombe mycénienne 239.

Fig. 24. — Murs mycéniens (au premier plan, à gauche) ; à droite, fondation en Π
du vi^e siècle.

pas représenté dans les autres sondages, où il semble avoir été fortement perturbé à l'époque géométrique.

Un niveau mycénien est présent partout, mais généralement mal distingué du niveau géométrique.

Le niveau géométrique est très épais (de 1 m à 1,50 m) et a l'aspect d'un remblai ; d'ailleurs malgré l'abondance des tessons, aucun vase n'a pu être reconstitué.

Un niveau archaïque (VIIe-VIe siècles) caractérisé par de la céramique corinthienne et de la céramique attique et béotienne à figure noire est bien représenté. Un mur en assez bel appareil appartient à cette époque ; sa destination n'apparaît pas clairement ; il ne s'agit en tout cas ni d'un mur de terrasse, ni d'une maison.

Au IVe siècle, on creusa dans cette région un puits qui fut entouré d'un « calderim ». Le sol a continué de s'exhausser et il a fallu construire plus tard une deuxième margelle.

Entre la première et la deuxième margelle du puits, un niveau de haute époque hellénistique est caractérisé par une couche jaune virant parfois au rouge.

Au dernier état du puits correspond une couche de terre cendreuse, épaisse parfois de plus d'un mètre. La céramique de ce niveau peut se dater de la fin du IIe et du début du Ier siècle (bols « mégariens », assiettes « pergaméniennes », unguentaria très allongés). Le puits a été ensuite abandonné et recouvert d'une couche de pierres au-dessus de laquelle a été trouvé un tesson romain d'assez basse époque.

V

La nécropole mycénienne de l'Ouest

Ce secteur de 400 m² environ a une physionomie originale, due avant tout à la nature du terrain, en pente Nord-Sud d'abord assez douce, puis très forte (fig. 22) mais aussi au fait que les niveaux mésohelladiques y étaient mieux conservés que partout ailleurs (fig. 23 et 24). Un sondage où les couches anciennes étaient encore en place a permis les observations suivantes :

Sous 80 cm de terre végétale apparut une large couche de pierres limitée au Nord par la crête d'un mur Sud-Ouest-Nord-Est. Au Nord du mur, on trouva successivement :

1) une couche de terre jaune, -90-100, contenant des tessons

Fig. 25. — Fosse individuelle mycénienne n° 134.

Fig. 26. — Tombe à tholos n° 239.

Fig. 27. — Tombe 239, détail.

Fig. 28. — Tombe 75 (hellénistique).

géométriques et mycéniens et déjà beaucoup de tessons méso-helladiques ;

2) une couche de terre noire très meuble (-100-140) mêlée de cendre et de quelques os d'animaux, constituant un niveau mésohelladique homogène : cruches de céramique vulgaire incisée, coupes en minyen gris et imitation de minyen noir, un fragment décoré de losanges quadrillés en peinture mate brune sur fond rouge naturel, un fragment en peinture mate sur engobe crème ;

3) une couche de terre plus claire (-140-170) jusqu'au sol vierge : fragments de coupe en minyen gris à pied bas et creux, céramique incisée, et un beau fragment à peinture brun violacé sur engobe clair avec décor de carrés quadrillés sous des lignes parallèles.

Au Sud du mur, sous la couche de pierres, un premier niveau (jusqu'à -120) est géométrique et protogéométrique ; un second niveau (-120-180) jusqu'au sol vierge est mycénien homogène.

Le mur lui-même, solidement fondé sur le rocher, date du début de l'occupation mésohelladique.

La nécropole mycénienne semble postérieure à celle de l'Est ; elle comprend quelques fosses individuelles rectangulaires, très allongées, taillées à même la roche tendre, couvertes de blocs de pierre à peine dégrossis ; le mobilier de ces fosses est généralement très pauvre (fig. 25) :

N° *162* : fosse rectangulaire (1,45 m × 0,40 m) orientée Nord-Sud et couverte de pierres non taillées ; à l'intérieur, squelette de fillette, tête au Nord, jambes allongées, bras croisés sur la poitrine ; elle portait des boucles d'oreille en or (amphorisques) ; on trouva en outre dans la tombe une petite fleur de lys en or, un bouton gravé en stéatite, une fusaïole de stéatite et deux perles en pâte de verre.

On a aussi mis au jour une tombe à tholos, malheureuse-ment pillée dès la haute antiquité (fig. 26 et 27) :

N° *239* : tombe à chambre circulaire avec voûte en encorbel-lement et dromos à escalier ; la chambre a 3 m de diamètre à la base ; le dromos, long de 2,20 m (5 marches) a environ 1 m de largeur. La chambre a été creusée dans la roche tendre sur une profondeur de 2 m ; la partie supérieure de la voûte devait être recouverte par un tumulus qui a entièrement disparu ; l'appareil des murs est très irrégulier et les blocs (d'assez petites dimensions) sont à peine dégrossis ; à gauche, en entrant dans la chambre, une petite ouverture avait été ménagée. La tombe était encore visible et accessible au VIIIe siècle et le mobilier en a souffert : un premier niveau d'inhumations était si perturbé (ossements et tessons dispersés jusque sur les marches du dromos) qu'il est impossible de dire combien de corps y ont été ensevelis ; un deuxième niveau est représenté par deux fosses creusées dans le sol de la chambre. La première, au centre de la tholos, de forme grossièrement quadrangulaire (1 m× 0,80 m) contenait les ossements de trois corps entassés en désordre ; il s'agit donc, non d'une inhumation, mais d'un dépôt d'ossements et de mobilier balayé de la surface de la tombe. La seconde fosse, rectangulaire (1,75 m×0,80 m), contre la paroi *Est* de la chambre était une véritable inhumation et contenait un squelette d'enfant complet, en position étendue, tête au Nord, bras croisés sur la poitrine ; le mobilier, très pauvre, ne comprenait que des boutons gravés de stéatite, deux anneaux de bronze passés aux doigts de la main gauche et des bijoux en pâte de verre. L'utilisation de la tombe *239* ne semble pas remonter au-delà de la fin du HR III B, comme en témoignent l'idole en psi et les vases brisés trouvés dans la fosse centrale.

Le secteur n'a pas été utilisé comme nécropole à l'époque géométrique, avec la seule exception d'une inhumation en pithos couché ; mais la tombe mycénienne à tholos semble avoir fait l'objet d'un culte héroïque au VIIIe siècle, à en juger par les nombreux fragments de coupes de cette époque trouvés dans le dromos et jusqu'à l'intérieur de la tombe. En tout cas le culte avait disparu et la tombe mycénienne était oubliée à la fin du VIe siècle, moment où s'installe sur ses ruines une fondation en pi, de signification obscure, mais qui ne peut pas avoir été funéraire. L'endroit semble avoir été ensuite à peu près abandonné jusqu'à la fin du IVe siècle, où on l'utilise à nouveau comme nécropole :

N° *75* : une grande tombe du deuxième quart du IIIe siècle : rectangle (1,72 m×0,65 m) de grands orthostates de calcaire d'un travail très soigné, orienté Nord-Sud. Le mort, tête au Nord, était étendu de tout son long, les bras le long du corps ; dans sa bouche quatre monnaies de bronze étoliennes postérieures à 279, à droite de la tête, une œnochoé très pansue et deux unguentaria ; près de la main droite, une œnochoé trilobée et une coupelle ; à hauteur du genou droit, une coupe à deux anses portant sur la lèvre une inscription gravée à la pointe : εὐημερίας et un strigile de bronze ; à ses pieds, un skyphos, deux amphores, une grosse pyxide avec son couvercle et une cruche très pansue (fig. 28).

VI

La haute nécropole

L'équipe grecque a procédé à une fouille étendue sur les pentes qui dominent l'acropole au Nord. 170 tombes ont été fouillées livrant un matériel abondant.

Une seule tombe mycénienne (n° *264*) a été découverte dans ce secteur à 20 m environ, au Nord-Ouest des fosses 29/29 *bis* ; rectangulaire, orientée Nord-Ouest-Sud-Est, elle comportait un petit dromos latéral à l'angle Sud-Ouest, fermé par une dalle encore en place. La tombe avait été pillée dès l'antiquité, par le haut, et remblayée ensuite. Le remblai contenait des tessons très mêlés, depuis le géométrique récent jusqu'au VIᵉ siècle. Des ossements et des fragments de vases mycéniens étaient encore en place au fond de la tombe.

La nécropole géométrique (fosses à incinération) s'étend largement sur les pentes de la montagne, d'Est en Ouest. Elle semble être en général plus récente que la nécropole du col. L'inhumation en ciste est alors abandonnée au profit de l'incinération et de l'inhumation en pithos. La céramique des fosses à incinération du VIIIᵉ siècle comprend des œnochoés corinthiennes du troisième quart du siècle (cf. à Delphes, L. Lerat, *BCH* 1961, p. 343, fig. 30).

A partir de cette époque, les cendres sont fréquemment recueillies dans de grands vases : marmites ou grands cratères, et parfois accompagnées d'offrandes. La tombe *74* contenait une de ces marmites et plusieurs amphores et œnochoés de la fin du VIIIᵉ siècle. La tombe *160 bis* contenait uniquement un grand cratère corinthien géométrique récent enfoui à même la terre. La tombe *13* comportait une marmite contenant encore quelques ossements, et, à côté, une coupe. La tombe *8*, une marmite également, contenait un joli aryballe protocorinthien de la fin du VIIIᵉ siècle, une coupe, un skyphos et une petite phiale (fig. 29).

Les mêmes coutumes funéraires se maintiendront pendant tout le VIIᵉ siècle et jusqu'au début du VIᵉ. Le mobilier semble particulièrement pauvre pendant tout le cours du VIIᵉ siècle, ce qui explique l'absence à peu près complète du protocorinthien. Mais on trouve encore des fosses à incinération dans les dernières années du VIIᵉ siècle (tombe *15* : alabastres du corinthien ancien). La tombe *96* est un cratère corinthien à colonnettes utilisé comme urne funéraire.

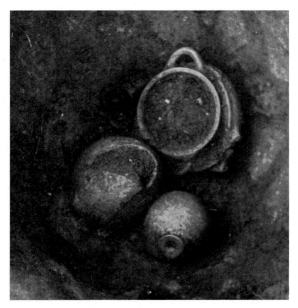

Fig. 29. — Tombe 8 (du VIIIᵉ siècle).

Fig. 30. — Tombe 78 (VIᵉ siècle).

Fig. 31. — Tombe 36 (Vᵉ siècle).

Fig. 32. — Tombe 227 (IVᵉ siècle).

La *nécropole archaïque* (début du VIe-début du Ve siècle est nettement localisée sur les pentes de la montagne, en face de l'acropole. Aucune tombe de cette époque n'a été trouvée au col. Sauf exception, l'incinération est abandonnée définitivement au profit de l'inhumation en cistes de petites dimensions, construites assez soigneusement en plaques de calcaire ou de conglomérat où le corps est déposé en position contractée, avec un petit nombre d'offrandes (aryballes, alabastres, fig. 30). Il y a eu parfois réinhumation et le premier défunt a été expulsé avec son mobilier hors de la tombe (tombe *90*), ou tassé dans un coin de la tombe pour faire place au second défunt (tombe *169*, tombe *237*).

Dans le troisième tiers du VIe siècle, le type d'inhumation reste inchangé et le mobilier est toujours aussi pauvre, mais les aryballes sont remplacés par les lécythes à figure noire, les coupes, les skyphoi miniatures (tombes *70, 73, 86*). Ces vases minuscules sont en grande vogue au début du Ve siècle, où on les trouve associés, toujours dans les mêmes cistes, à des œnochoés trilobées en cloche (cf. *AJA* 1931, p. 19) à des figurines de style sévère (tombe *36, 243, 252*, fig. 31).

Les *tombes classiques* voisinent avec celles de la fin de l'archaïsme et ne s'en distinguent pas par l'aspect extérieur : ce sont des cistes dont la longueur dépasse rarement 1 m et souvent n'atteint pas 70 cm. Le mobilier, toujours aussi sommaire, change de caractère : il comprend de grands skyphoi de type corinthien à lèvre déversée vers l'intérieur (tombes *102, 188*), des skyphoi de type attique à profil encore non angulaire (tombes *34, 40, 92, 113, 149, 180*), des coupes à une anse, des tasses à une anse, des œnochoés, des lécythes aryballisques, datés de la première moitié du IVe siècle dans les tombes de Rhitsona et les puits de Corinthe.

Dans la seconde moitié du IVe siècle, si on continue d'utiliser parfois des petites cistes (souvent après avoir expulsé l'ancien occupant), on constate un net changement dans les coutumes funéraires ; les tombes sont en moyenne plus longues, on utilise des sarcophages (terre cuite, calcaire coquiller) et le mobilier est beaucoup plus abondant. Le plus bel exemple d'inhumation de cette période est la tombe *227* (tombe de femme, fig. 32). La morte était placée, jambes repliées, dans un sarcophage de terre cuite recouvert de tuiles (long. 1,30 m, larg. 0,57 m, prof. 0,48 m, épaisseur des parois : 0,07 m) ; elle portait des boucles d'oreille en argent et un bracelet de bronze ; à droite de la tête, on avait déposé un miroir de bronze, à gauche un skyphos et une coupe ; près de la main droite, un petit lécythe et une petite œnochoé, à ses pieds, une coupelle ; enfin, près du miroir, une belle peliké à figure rouge portant deux panneaux symétriques : l'un assez peu soigné représente deux personnages debout, l'autre, de très bonne facture, est aussi une scène à deux personnages : à gauche, un homme debout, portant un chapeau à larges bords, tenant de la main gauche une lance pointe en bas, la main droite tendue vers une phiale que tient une femme debout (fig. 87). Entre les deux personnages, un autel. La scène est peut-être à rapprocher des exemples réunis par P. Amandry (*La mantique apollinienne à Delphes*, pp. 66-72). La tombe date sans doute du milieu du IVe siècle.

Vers la fin du IVe siècle la nécropole hellénistique déborde largement hors des limites de la nécropole archaïque et s'étend vers le Sud jusqu'au col et même au-delà et empiète sur l'ancienne nécropole mycénienne et géométrique ancienne.

La fouille de ce secteur (la pente de la montagne en face de l'acropole) a donc permis de se faire une idée approximative de l'extension (considérable) de la nécropole antique et du caractère mouvant de cette nécropole, des temps mycéniens à l'époque hellénistique. Il ne faut cependant pas se dissimuler que les conclusions qu'on peut en tirer restent provisoires.

DEUXIÈME PARTIE

APERÇU HISTORIQUE

I

L'âge du bronze ancien et moyen

L'occupation du site de Médéon à la fin de l'âge du *Bronze ancien* est garantie par des témoignages très minces, mais sûrs. En deux points on a découvert des tessons protohelladiques, décorés en clair sur sombre de losanges quadrillés entre des lignes parallèles ; dans les deux cas, l'argile est homogène, fine, un peu friable ; le vernis a tendance à s'écailler. L'un des fragments faisait partie d'un vase fermé (sans doute un « tankard ») et tourné au tour primitif ; l'autre provient d'une assiette (fig. 33). Cette céramique est bien connue en Grèce centrale, à Orchomène en particulier où les exemples sont nombreux (cf. Kunze, *Orchomenos* III, *passim*) ; elle se trouve également à Eutrésis, dans le niveau IX de J. L. Caskey (*Hesperia* 1960, p. 126-127), le dernier avant l'occupation Helladique moyenne et séparé de celle-ci par une épaisse couche d'incendie. H. Goldman (*Eutresis*, pp. 116-117) avait déjà noté que la poterie de cette époque est partiellement tournée. Des fragments analogues avaient été trouvés à Kirrha. Un fragment de cruche à bec vertical en argile jaune clair ayant conservé l'attache de l'anse décorée de faux rivets (fig. 34) rappelle un exemple analogue trouvé par Weinberg à Corinthe dans un contexte Helladique ancien II (*Hesperia* 1960, p. 250 et pl. 63 c). Un grand morceau d'une pyxide à anses verticales attachées sur l'épaule rappelle aussi les formes protohelladiques (cf. *Kirrha*, pl. XXV, nº 6), mais ce n'est peut-être qu'une survivance de formes anciennes à l'Helladique moyen, comme on l'a déjà constaté à Krisa (cf. *BCH* 1938, *Chronique*).

Fig. 33. — Fragment d'assiette « white on dark ».

Fig. 34. — Anse à faux rivets.

Fig. 35. — Fragment de coupe minyenne.

Fig. 36. — Fragments divers en minyen gris.

L'occupation Helladique moyenne a laissé des restes abondants sur tout le site fouillé (fig. 35). Malheureusement, ni l'habitat, ni les tombes ne nous sont encore connus ; seuls des sondages sur l'acropole même permettraient de préciser l'importance du site au Bronze moyen. Les sondages ne nous ont permis d'atteindre que des dépôts, aux endroits où la terre s'est naturellement amassée. Les efforts pour établir une stratigraphie de ces dépôts ont été peu concluants ; dans les rares endroits où les dépôts étaient particulièrement épais et semblaient stratifiés les mêmes types de céramique se retrouvaient à tous les niveaux. Cependant, on a pu remarquer que la céramique jaune à peinture mate violacée ne se rencontrait pas dans les couches profondes ; en revanche elle apparaît toujours en liaison avec les implantations mycéniennes, en particulier à proximité des tombes à fosses. La céramique mésohelladique de Médéon comprend les catégories suivantes :

MINYEN GRIS.

Se rencontre en abondance sur tout le site dans les couches les plus profondes. On trouve :

1) des coupes à haut pied annelé ;

2) des coupes à pied bas et creux ;

3) des coupes sans pied à anses très surélevées (fig. 36).

IMITATIONS LOCALES DE LA CÉRAMIQUE MINYENNE.

Céramique assez grossière recouverte d'un engobe noirâtre :

1) de grandes coupes à petites anses attachées sur l'épaule, la partie inférieure dans le prolongement du « biseau », lèvre haute et évasée ; l'anse et le biseau sont généralement soulignés par des incisions : deux lignes parallèles sur le biseau, trois traits verticaux sur l'anse ;

2) des coupes à grandes anses surélevées, attachées à l'extérieur de la lèvre, la partie inférieure dans le prolongement du biseau ; l'anse est marquée de trois incisions verticales ;

3) des coupes à pied haut avec deux anses verticales partant de la lèvre (cf. Kourouniotis, *Eleusiniaka*, pp. 67-68, fig. 41 et 42).

CÉRAMIQUE NON TOURNÉE INCISÉE.

Argile jaune brunâtre. Fragments d'un grand vase à fond plat décoré de grands panneaux de hachures incisées ; anse d'une grosse cruche : raies incisées horizontales coupées d'un grand trait vertical (fig. 37).

Fig. 37. — Céramique incisée.

Fig. 38. — Céramique jaune chamois à peinture mate.

Fig. 39. — Fragments de gobelets à peinture mate.

Fragment à rebord évasé, lèvre soulignée d'un trait, panse décorée d'incisions obliques.

CÉRAMIQUE GROSSIÈRE NON TOURNÉE.

Décorée d'ergots. Très nombreux fragments de grands vases.

CÉRAMIQUE A PEINTURE MATE (DITE D'ÉGINE).

De nombreux fragments de vases décorés de cercles concentriques ;

un fragment d'une cruche à haut bec : la lèvre du bec est soulignée d'un trait brun, le col est souligné de traits parallèles ;

des gobelets à anse surélevée et rebord évasé : le rebord est souligné d'une ligne d'où partent à intervalle régulier quatre petits traits obliques ;

un gobelet à anse verticale partant de la lèvre ; (fig. 39) (cf. *Kirrha*, pl. LI, n° 69).

CÉRAMIQUE ROUGE A PEINTURE MATE BRUN FONCÉ.

une tasse à rebord évasé décorée de losanges quadrillés.

CÉRAMIQUE ROUGE A ENGOBE CRÈME ET PEINTURE MATE :

1) fragment de décor à losanges quadrillés ;

2) fragment de décor quadrillé ;

3) grand vase : lignes parallèles et décor de carrés quadrillés (cf. *Tirynthe* IV, pl. XXVI).

CÉRAMIQUE CHAMOIS LUSTRÉE A PEINTURE MATE VIOLACÉE :

1) grand vase à rebord évasé ; décor de triangles (fig. 38) ;

2) décor de ligne ondulée entre deux lignes parallèles ;

3) ligne ondulée sous une ligne droite ;

4) spirale sous une ligne droite.

CÉRAMIQUE JAUNE CLAIR LUSTRÉE.

Fragment de coupe à anse surélevée.

PETITS OBJETS.

Les trouvailles ont été très rares et souvent fortuites. Quelques lames d'obsidienne trouvées en dehors de tout contexte peuvent être aussi bien de date mycénienne. Une hache de pierre polie trouvée en surface au bord de l'ancienne route est difficilement datable ; on en a trouvé un grand nombre de même type à

Delphes (inv. nº 2078). Le plus intéressant est sans doute une fusaïole de terre cuite incisée conique à base convexe, d'un type connu au Bronze moyen.

Si les résultats obtenus pour cette période peuvent paraître minces, ils sont néanmoins encourageants dans la perspective d'une fouille sur l'acropole : on voit d'ailleurs en coupe sur les premières pentes des niveaux bien stratifiés (on distingue en particulier très nettement deux sols de petits galets, fig. 40) de l'âge du Bronze : des sondages à cet endroit seraient certainement fructueux et permettraient peut-être de préciser une chronologie encore floue.

II

L'époque mycénienne

En l'état actuel de nos connaissances il n'y a pas à Médéon de transition prémycénienne entre l'Helladique moyen et l'Helladique récent III A. Cela ne signifie pas nécessairement un abandon du site pendant la période HR I-II, mais peut-être la persistance d'une culture HM attardée jusqu'au développement de la civilisation mycénienne proprement dite. Quoi qu'il en soit, les premiers vestiges mycéniens sont sûrement du HR III A.

L'habitat est alors concentré sur l'acropole et les tombes sont au bas des pentes de la montagne de part et d'autre du col (il y en avait aussi d'ailleurs sur l'acropole). A l'exception des tombes, les vestiges de construction sont rares ; on a noté cependant la présence de murs de terrasse de cette époque et les dépôts de tessons mycéniens sont assez abondants un peu partout, mais surtout à proximité des tombes.

LES TOMBES.

Les plus anciennes sont des tombes rectangulaires du HR III A, les plus grandes (29 et 29 *bis*) ont été utilisées jusqu'au HR III C. La plus petite (99) n'a pas été utilisée après le HR III B : le caveau de petites dimensions est creusé dans le sol naturel ; sur les quatre côtés des murs de pierre grossièrement équarrie dessinent un rectangle approximatif ; la fosse était couverte de grandes dalles ; les offrandes funéraires, très abondantes, consistaient en vases, figurines, bijoux (cf. ci-dessus, p. 18).

Les grandes tombes 29 et 29 *bis* ont été construites de la

même façon ; elles étaient certainement couvertes de dalles elles aussi et étaient aisément accessibles pour les inhumations successives. Un trou creusé dans un coin de la tombe permettait d'entasser les ossements et le mobilier des morts qu'on expulsait pour faire de la place. Les squelettes, dans la fosse elle-même, étaient placés sans ordre apparent et dans une confusion extrême.

La tombe à ciste 19 était dans un trop mauvais état de conservation pour qu'on puisse être absolument sûr de sa date, mais sa première utilisation ne semble pas antérieure au HR III B et elle a conservé surtout de la céramique HR III C.

Les tombes à chambre et dromos sont probablement plus récentes. Elles sont de types variés : les tombes fouillées par Sotiriadis en 1907 sont des chambres rectangulaires creusées parallèlement à la pente du terrain, avec un dromos longitudinal assez court, en escalier ; les murs de la chambre construits en encorbellement supportaient de larges dalles de couverture.

La tombe 264, rectangulaire elle aussi, était pourvue d'un dromos à escalier latéral à l'angle Sud-Ouest ; la dalle qui fermait l'entrée de la chambre était encore en place. La tombe 239 est du type à tholos, mais de très petites dimensions (3 m de diamètre) : implantée perpendiculairement à la pente. Le dromos (à escalier) assez court se resserre à l'entrée de la tholos. A gauche en entrant, le mur était percé d'un petit caveau. La tholos n'a pas été utilisée avant la fin du HR III B.

La technique de l'inhumation s'observe plus aisément dans les tombes individuelles que dans les tombes collectives. Les cinq fosses individuelles (114, 131, 134, 162, 223) sont toutes de la fin de la dernière période (HR III C) et présentent les mêmes caractères : orientées Nord-Sud, elles sont perpendiculaires à la pente du terrain ; la fosse creusée à même le roc tendre est couverte de grosses pierres à peine dégrossies. Le mort y est allongé de tout son long, les bras croisés sur le ventre ; le mobilier funéraire est très réduit : les rares bijoux du mort, un petit vase, parfois rien du tout.

La Céramique :

HR III A 1

— alabastre plat, décor de feuilles de lierre (motif 25 de Furumark ; cf. *BCH* 1953, p. 77 et fig. 18, 3) : tombe 29 ;

— alabastre plat, décor de rochers : tombe 99 (fig. 41) ;

— alabastre plat, décor de vagues : tombe 99 ;

4

Fig. 40. — Niveaux de l'âge du bronze sur l'acropole.

Fig. 41. — Alabastre, tombe 99.

Fig. 42. — Amphore, tombe 29.

Fig. 43. — Coupe à bec ponté, tombe 29.

Fig. 44. — Vases à étrier, tombe 29 *bis*.

— alabastre cylindrique, décor de spirales courantes (cf. *Prosymna*, t. 18, n° 212) : tombe 99 ;

— alabastre cylindrique, décor de croisillons sur l'épaule : tombe 29 ;

HR III A 2

— alabastres pansus, décor de vagues : tombe 99 ;

— alabastres cylindriques : tombes 99 et 29 ;

— amphore conique, décor de N renversés : tombe 29 (fig. 42) ;

— amphore piriforme, décor de N renversés : tombe 29 ;

— amphore piriforme ; spirales entre les anses (cf. *BCH* 1953, p. 64) : tombe 99 ;

— amphore piriforme, ligne de points entre les anses : tombe 29 ;

— coupe basse à anse horizontale : tombe 99 ;

— pyxides globulaires : tombes 29, 29 *bis*, 99 ;

— coupe à anse horizontale et bec ponté : tombe 29 (fig. 43) ;

HR III B

— alabastres cylindriques, raies verticales sur l'épaule : tombe 29 *bis* ;

— vase à étrier piriforme : tombe 29 *bis* ;

— vase à étrier biconique : tombe 29 *bis* ;

— vase à étrier globulaire, chevrons entre les anses : tombe 29 *bis* ;

HR III C

— vases à étrier globulaires, anses hautes, embouchure évasée, une bande de chevrons ou de zig-zag au milieu de la panse ; décor sur l'épaule très stéréotypé, répertoire très pauvre : triangles, demi-cercles, concentriques, chevrons : tombes 29, 29 *bis*, 19, 239 (fig. 44 et 45) ;

— alabastre cylindrique ; raies verticales sur l'épaule entre les anses : tombe 239 ;

— amphorisques globulaires à col haut et anses obliques : tombe 239.

Cette céramique est souvent de bonne qualité, même au HR III C, mais le répertoire décoratif est extrêmement pauvre : aucune représentation humaine ni animale ; le décor végétal est très rare et très stylisé ; les motifs géométriques eux-mêmes sont réduits à quelques thèmes élémentaires. Les formes ne

Fig. 45. — Vases à étrier, tombe 29 *bis*.

Fig. 46. — Tasse et pointe de lance en bronze, tombe 29.

Fig. 47. — Pendentif et bagues, tombe 29.

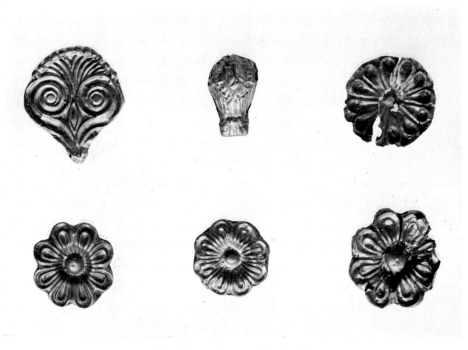

Fig. 48. — Rosaces, tombe 29.

sont pas très variées non plus. On remarquera en particulier l'absence complète de coupes à pied. Les vases à étrier apparaissent seulement au HR III B et éliminent pratiquement tous les autres types de vase dans le mobilier funéraire. La tombe 99 est ainsi datée de façon sûre, en dehors de toute autre considération, par l'absence totale de vases à étrier.

LES BRONZES :

— des fibules à arc aplati ;

— une petite tasse plate à une anse en ruban rivetée (cf. Karo, *Schachtgräber*, pl. CLXIV ; — tombes 3 et 4 de Mycènes et Persson, *Asine*, p. 393, fig. 257) (fig. 46) ;

— une pointe de lance à douille, long. 15 cm (cf. Wace, *Chambertombs*, pl. 82).

BIJOUX D'OR.

Ils ont été trouvés en grande quantité seulement dans la tombe 29 ; les plus belles pièces ont été trouvées dans le dépôt. Ce sont des bagues et des colliers.

Deux bagues trouvées toutes deux au fond du dépôt de la fosse 29 méritent une attention particulière : l'une est un anneau large et plat formé de six fils d'or torsadés et soudés (même type à Mycènes : *Eph. Arch.* 1888. pl. IX, n° 12, tombe 42) ; l'autre porte un chaton elliptique gravé perpendiculaire à l'anneau, avec représentation d'un cerf au galop, la tête tournée vers l'arrière (fig. 47).

Parmi les éléments de collier, on notera, toujours dans la même tombe, un beau pendentif sphérique divisé en huit secteurs, un mamelon entouré d'un cercle en granulations (fig. 48). Ce beau bijou a des parallèles à Vaphio, à Prosymna (tombe 44), à Dendra (tombe 10), à Mycènes (tombe 515), (cf. Higgins, p. 73, fig. 13, qui les date du xve et du début du xive siècle). A Médéon, ce pendentif, ainsi que les deux bagues sont associés à de la céramique HR III A.

Les autres motifs appartiennent au répertoire habituel de la bijouterie mycénienne :

— les rosaces (Mycènes, tombe 515 ; Prosymna, tombe 41) qui proviennent ici surtout des inhumations anciennes de 29 et 29 *bis*, quelques unes cependant du niveau récent de 29 (fig. 48) ;

— les grandes feuilles de lierre (Higgins, fig. 14 i ; *Eph. Arch.* 1888, pl. 9 n° 5 : Mycènes) ;

— le papyrus (tombe 88 de Mycènes, Higgins, pl. X f) ;

Fig. 49. — Éléments de collier, tombe 29.

Fig. 50, 51, 52, 53. — Boutons gravés.

Fig. 54. — Figurines en Φ.

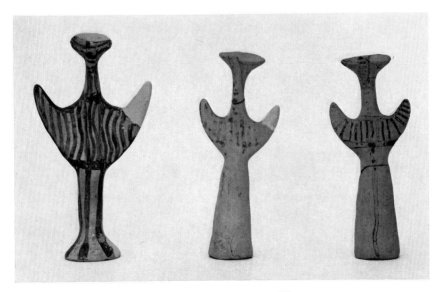

Fig. 55. — Figurines en Ψ.

— le coquillage (tombe 8 de Mycènes ; tombe 2 de Dendra) ;

— barre et volute, simple ou double, d'un type assez dégénéré ;

— fleur de lys (tombe 88 de Mycènes, 10 de Dendra, 41 de Prosymna) ;

— amphorisque (Higgins, pl. 8, d) ;

— enfin, de très nombreuses perles rondes ou oblongues (en forme de grain d'orge).

Un grand nombre de ces bijoux, dont les plus belles pièces, est certainement ancien et date au plus tard du HR III B. D'autres, qui ne s'en distinguent guère par le type ou la technique, ont été trouvés associés à de la céramique HR III C dans les inhumations récentes en 29 et 29 *bis*, mais ils sont plus rares et peuvent être des vestiges des inhumations anciennes ; en tout cas, certains types sont certainement demeurés identiques fort longtemps (fig. 49).

Cristal, Ambre.

L'ambre a été utilisé en perles de collier qui se trouvent dans les inhumations des tombes 29, 29 *bis* et 239 sous forme oblongue ou sphérique. Le cristal n'est pas rare et se rencontre également dans les inhumations récentes et anciennes.

Éléments de collier en pâte de verre.

Ils sont très nombreux et très variés, reproduisent souvent des types connus en orfèvrerie : barre et volute (simple ou double), petits autels schématisés (cf. Higgins, p. 78, fig. 14 1), petites rosaces, « brackets » (Higgins, p. 78, fig. 14 b ; cf. Mycènes, t. 515). Deux types présentent un intérêt particulier : représentation sur une plaquette rectangulaire, d'un sphinx tourné vers la gauche (tombe 29 : cinq exemplaires ; type identique, mais en or, dans la tombe 52 de Mycènes *Eph. Arch.* 1888, pl. 9, n° 13 ; cf. Dessenne, n° 312 et 316, p. 138 ; HR III B) et une curieuse figurine dont on a trouvé plusieurs exemples dans la tombe 29 (dépôt) et dans la tombe 29 *bis*.

Boutons gravés en pierre dure (stéatite, cornaline).

Outre une grande quantité de fusaïoles coniques ou biconiques en stéatite, on a mis au jour de nombreux sceaux lenticulaires percés d'un trou, en stéatite ou cornaline, dans les tombes 29, 29 *bis*, 99 et 239 : ces intailles étaient présentes dans tous les niveaux de 29 et 29 *bis* (fig. 50-53).

Dans le dépôt de la tombe 29 : un bucrane, deux cervidés (un grand, un petit affrontés), un lion attaquant un bovidé, une rosace, un cervidé devant une rosace, une feuille.

Dans la tombe 29 *bis*, des cervidés ou bovidés debout, la tête tournée vers l'arrière (trois représentations différentes de ce même schéma), des décors végétaux. Dans la tombe 239, cervidés et décor végétal.

Tous ces objets semblent présenter une unité stylistique tant dans la technique que dans le choix des motifs : monde animal et végétal avec une forte tendance à la stylisation. Ils ne peuvent cependant pas appartenir tous à une même période, certains, les plus nombreux, ont été trouvés dans un contexte HR III A-B (dépôt de la tombe 29, tombe 99), d'autres dans un contexte HR III B (inhumations anciennes de la tombe 29 *bis*), d'autres dans un niveau HR III C (inhumations supérieures de 29 *bis* et de 239). Il semble donc que cette technique, très tôt stéréotypée, se soit maintenue sans changement pendant toute la période mycénienne(cf. *Prosymna*, t. 34, n° 8, t. 6, n° 10).

FIGURINES DE TERRE CUITE.

a) *figurines en phi* (tombe 29, tombe 99) :

D'après toutes les observations faites jusqu'à maintenant sur ces tombes, on pourra constater que les figurines en phi disparaissent avant la fin de l'époque mycénienne. La partie inférieure du corps est représentée sous la forme d'un cylindre évasé à la base ; la taille est marquée par un trait horizontal d'où partent quatre lignes verticales. Le buste est en forme de disque légèrement allongé, les seins sont nettement marqués ; le cou, comme la taille, est souligné par un trait horizontal. Les plis du vêtement, légèrement ondulés, sont à peu près verticaux dans le dos, par devant, ils sont dessinés obliquement, de gauche à droite. La tête, petite et étroite, est très sommairement esquissée, évoquée seulement par la courbure du nez (soulignée d'un trait vertical) et par deux taches rondes pour les yeux. Les unes semblent être tête nue et portent dans le dos une longue natte qui descend jusqu'au niveau des reins. Deux d'entre elles portent une sorte de polos, l'un rond, l'autre à quatre pointes (tombe 29). L'une des figurines de la tombe 29 se distingue nettement des autres : le disque du buste est sensiblement plus allongé, le fût est moins haut et n'est pas cylindrique : il va d'abord en s'amincissant pour s'élargir ensuite progressivement à la base ; la taille est soulignée par devant, mais non par derrière ; les plis du vêtement sont verticaux et descendent jusqu'aux pieds ; le cou et la nuque sont curieusement représentés par une large bande claire mouchetée de petites taches sombres ; la tête est sans natte ; le visage ressemble à une tête de chouette : les yeux convexes sont marqués par deux cercles noirs, dans une large dépression circulaire de couleur claire (fig. 54).

b) *figurines en psi* (fig. 55) :

On distingue trois types différents : le premier est nettement apparenté aux figurines en phi par la forme de la tête, la natte, les plis du vêtement sur le buste, le fût cylindrique avec une base bien marquée. Il est représenté dans la tombe 99 et la fosse de la tombe 29. Le second type est de forme presque identique, mais la tête est plus haute ; la ceinture n'est plus à la taille, mais au-dessous des seins ; les traits représentant les plis du vêtement sont encore verticaux entre les seins, mais divergent ensuite pour devenir horizontaux sur les bras (tombe 29). Le troisième type est nettement dégénéré : la base a disparu et le fût n'est plus cylindrique, mais grossièrement conique ; les plis du vêtement ne sont plus indiqués que par une bande étroite à la hauteur des seins ; on n'a plus conscience de la signification de cette bande hachurée. Ce type a été trouvé dans des inhumations HR III C (tombes 19 et 239).

La fosse de la tombe 29 contenait aussi une figurine de quadrupède (cf. Wace, *Chamberlombs*, t. 527) et l'arrière d'un groupe complexe représentant deux personnages sur un char ; (fig. 56), la partie antérieure a sans doute été perdue lorsqu'on a « balayé » la tombe pour faire place aux nouvelles inhumations. Le type est connu (cf. *Prosymna*, tombe 22 et Wace, *Chamberlombs*, pl. XXIV a).

Sans être un site de premier ordre, l'acropole mycénienne de Médéon a dû connaître une certaine prospérité entre le XIVe et le XIIe siècle, et tout spécialement au début de cette période, lors de l'utilisation des tombes collectives. Les observations faites pendant la fouille et l'examen du matériel confirment l'existence de plusieurs phases dans l'histoire de la nécropole mycénienne : la première phase (les tombes à fosse) est caractérisée par l'abondance des bijoux et des figurines, la seconde par la disparition des idoles en phi et l'apparition des vases à étrier, la troisième par la rareté des bijoux d'or, la dégénérescence des idoles, la présence presque exclusive des vases à étrier et la multiplication des inhumations individuelles.

La période submycénienne est attestée à Médéon par la tombe 87. La pratique de l'inhumation, la présence d'une fusaïole de stéatite et très probablement d'un petit vase à

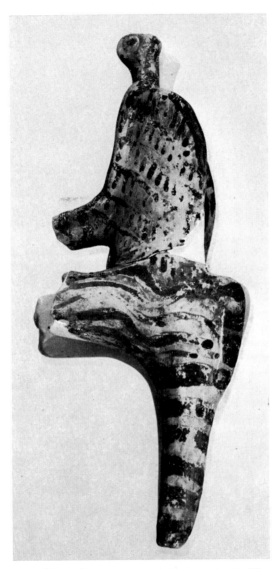

Fig. 56. — Personnages sur un char ; tombe 29.

Fig. 57. — Tombe à incinération 224.

Fig. 58. — Oenochoé ; tombe 167.

étrier trouvé à proximité la rattachent à la période mycénienne ;
mais la forme courte et elliptique de la tombe où le corps était
nécessairement en position contractée annonce la période
suivante.

III

L'époque géométrique

Tout autour de l'acropole des dépôts de tessons géométriques
de plus d'un mètre d'épaisseur témoignent de la prospérité
du site pendant cette période. Les pratiques funéraires, fonda-
mentalement différentes, montrent qu'il y a eu une rupture avec
l'époque précédente : les morts sont incinérés. L'évolution
de ces mêmes pratiques funéraires permet de distinguer, du
XIe au VIIIe siècle, trois périodes, A, B, C.

A. — L'incinération semble avoir été exclusivement prati-
quée : on creusait, jusqu'au niveau du rocher, un trou elliptique,
dont le grand diamètre dépasse rarement 80 cm. On faisait
alors une libation avec une œnochoé d'usage courant (beaucoup
de ces vases avaient servi depuis longtemps et étaient raccom-
modés, probablement avec du plomb), puis le vase était brisé ;
par-dessus les tessons on disposait de grosses bûches (celles du
niveau inférieur ont souvent été trouvées en place) ; le mort
était probablement posé sur le bûcher en position contractée ;
il ne brûlait jamais complètement : on a retrouvé presque
toujours des morceaux d'os longs et de crâne ; mais les restes
n'étaient pas recueillis ; ils étaient laissés sur place et, sans autre
cérémonie, la cendre était recouverte de terre. Ces incinérations
sont toujours individuelles (fig. 57).

B. — Incinération et inhumation sont pratiquées concur-
remment. Les morts inhumés sont placés en position très
contractée dans de petites cistes elliptiques dont le fond est
recouvert de gravier ; les parois de la ciste sont de petits blocs
de calcaire généralement non travaillés ; la tombe est couverte
de dalles grossières. Les rites de l'inhumation doivent avoir été
semblables à ceux de l'incinération : après la libation l'œnochoé
était brisée et laissée dans la tombe. Il n'y a pas de mobilier
funéraire proprement dit.

C. — Incinération et vases funéraires. On continue à utiliser
des fosses à incinération comme dans les phases A et B, mais
parfois on recueille les cendres pour les déposer dans un pithos,

Fig. 59. — Oenochoé ; tombe 143.

Fig. 60. — Amphore ; tombe 112.

Fig. 61. — Cruche non tournée ; tombe 37.

une marmite, un grand cratère. On voit se généraliser les offrandes funéraires (petits vases déposés entiers dans le pithos, ou à côté). Beaucoup de ces pithoi et marmites sont des inhumations d'enfants dont les os tendres se sont dissous sans laisser de trace.

La phase A est typiquement protogéométrique. La phase B est caractéristique du géométrique ancien. La phase C commence au début du VIII⁰ siècle et se prolonge très tard, jusqu'aux premières années du VI⁰ siècle. Ce n'est qu'au Corinthien moyen que l'incinération est définitivement abandonnée pour l'inhumation.

VASES PROTOGÉOMÉTRIQUES :

— œnochoé trilobée ovoïde à anse droite et petit pied conique (tombe 167) ; demi-cercles concentriques sur l'épaule (fig. 58) ; cf. à Argos, *BCH* 1957, p. 664, fig. 55 et 1961, p. 678, fig. 11 ;

— œnochoé trilobée à anse droite et pied conique, épaule nettement marquée : deux cercles concentriques en métope sur l'épaule, ligne ondulée sur la panse (incinération au-dessus de la tombe 29) ;

— œnochoè ovoïde à pied conique, embouchure ronde, anse droite, métope de losanges quadrillés sur l'épaule (tombe 217) ;

— œnochoé très pansue, pied conique, petit col évasé, anse en ruban, forme de S retourné. Décor complexe ordonné en zones horizontales et verticales : zig-zag sur la lèvre, losanges quadrillés sur le col ; sur l'épaule, grands triangles cernés de hachures et remplis de losanges quadrillés ; entre les triangles : trait vertical et hachuré, ligne brisée verticale formée d'une bande quadrillée ; sur le bas de la panse deux zones de lignes parallèles séparées par une bande sombre (tombe 143) (fig. 59) ;

— « belly handled amphora » ; même décor, un peu simplifié ; les deux pièces sont probablement sorties du même atelier (tombe 112) (fig. 60) ; elles présentent toutes deux un intérêt exceptionnel, tant pour leur qualité et leur originalité que pour le décor qui est tout à fait surprenant ; sur l'œnochoé de la tombe 143, il est identique dans ses éléments et sa composition à celui d'une cruche de Kirrha de l'Helladique moyen I B. La ressemblance est si frappante qu'une analogie fortuite doit être exclue ;

— deux jarres pansues en argile jaune clair lissée, munies d'anses à bouton (tombe 121) évoquent des formes de la Grèce

Fig. 62. — Jarre à col estampé.

Fig. 63. — Coupe ; tombe 175.

Fig. 65. — Oenochoé ; tombe 53.

Fig. 64. — Coupe ; tombe 25.

Fig. 66. — Amphore ; tombe 54.

du Nord et de la Macédoine (cf. fouilles de Vergina, *BCH*, 1962).

La plus grande de ces jarres est estampée juste au-dessous du col de trois cachets carrés (fig. 62). Il faut signaler encore un assez grand nombre de cruches en céramique grossière, non tournée, non vernie (fig. 61).

Géométrique Ancien.

Le matériel est très abondant et parfois de très belle qualité ; il comprend des coupes, des œnochoés des amphores, des pyxides, des proto-aryballes.

A. *Coupes :*

1) des coupes profondes à petit pied bien marqué, lèvre évasée, anses horizontales relevées attachées sur la panse, décor de lignes parallèles d'un seul côté, entre les anses (cf. *Corinth* VII 1, pl. 7, n° 39) : tombe 23 (ciste), tombe 20 (incinération), tombe 53 (incinération) et tombe 175 (fig. 63) ;

2) des coupes basses à une ou deux anses verticales, assez pansues, lèvre et pied bien marqué :

— tombe 25 (ciste), deux anses, décor de lignes parallèles sur la lèvre (fig. 64) ;

— tombe 225 (ciste) 1 anse, 2 mamelons symétriques du côté opposé à l'anse ; entre les mamelons, décor de chevrons ;

3) des coupes profondes, sans rebord, lèvre marquée par un bourrelet (tombe 151).

B. *Oenochoés :*

1) œnochoé trilobée, légèrement pansue, pied marqué, anse droite, décor de lignes parallèles sur le col et au milieu de la panse : tombe 53 (fig. 65) (cf. *Corinth* VII, pl. 3, fig. 25) ;

2) œnochoés trilobées, épaule assez marquée, anse droite, col étroit ; décor de lignes parallèles sur la panse : tombe 66, tombe 55. (*Corinth* VII pl. 1, n° 7) ;

3) œnochoé à embouchure ronde, pied marqué, forme ovoïde, col large, anse droite, décor de lignes parallèles sur l'épaule : t. 85 ;

4) œnochoé trilobée à anse droite, pied marqué, forme ovoïde, col étroit ; décor de losanges quadrillés sur le col ; deux bandes de lignes parallèles sur la panse : t. 185.

C. *Amphores :*

1) amphore très pansue, embouchure large, anses en ruban

Fig. 67. — Amphore ; tombe 151.

Fig. 68. — Protoaryballe ;
tombe 53.

Fig. 69. — Protoaryballe ;
tombe 225.

Fig. 70. — Gourde ; tombe 23.

Fig. 71. — Oenochoé ; tombe 197.

attachées sur l'épaule ; métope de méandres hachurés (tombe 54, à incinération) (fig. 66) ;

2) amphore à col haut et étroit, anses hautes et anguleuses, attachées sur le col ; décor de lignes parallèles sur l'épaule entre les anses (tombe 155, à incinération) ;

3) amphore à col étroit, embouchure large, forme ovoïde, petit pied conique bien marqué, anses arquées. Décor en métope sur le col : chevrons (tombe 151, à incinération) (fig. 67).

D. *Pyxide :*

Forme très pansue, anses très relevées, petit pied marqué. Décor de traits et points entre les anses. Le couvercle a disparu (*Corinth* VII 1, pl. 7, n° 37) : tombe 65 (incinération).

E. *Protoaryballes :*

Très globulaires, col étroit, petite embouchure ronde. Sans vernis ni décor. Tombe 53, tombe 54, tombe 225 (ciste) (fig. 68 et 69).

F. *Gourde à une anse :*

Forme circulaire, sans pied. De chaque côté un mamelon central et des cercles concentriques. Tombe 23 (ciste) (fig. 70).

Comme à l'époque précédente, nombreux vases communs, non tournés, à surface lissée ou spatulée.

Géométrique Récent.

A. *Oenochoés :*

1) œnochoés trilobées, décor de lignes parallèles sur presque toute la surface, bandes de S sur le col et sur l'épaule (cf. L. Lerat, *BCH* 1961, p. 347, fig. 33) : tombe 110, tombe 971 (fig. 71) ;

2) oenochoé trilobée à anse torsadée. Même type de décor : tombe 205 ;

3) oenochoé à embouchure ronde. Lignes parallèles, méandres et triangles : tombe 74 ;

4) petite œnochoé trilobée à base large et plate ; col cylindrique avec un décor de chevrons : tombe 12 ;

5) œnochoé « cut away neck » : tombe 22 B 1 (fig. 72).

B. *Coupes :*

Coupes profondes à haut rebord légèrement évasé, anses horizontales, un peu relevées, lignes parallèles sur la lèvre,

Fig. 72. — Oenochoé ; tombe 22 B 1.

Fig. 73. — Coupe ; tombe 50.

Fig. 74. — Coupe, tombe 8 ; pyxide, tombe 145.

Fig. 75. — Tasse ; tombe 205.

Fig. 76. — Tasse ; tombe 22 B 2.

Fig. 77. — Aryballe ; tombe 8.

Fig. 78. — Cratère ; tombe 160.

Fig. 79. — Marmite ; tombe 246.

Fig. 80. — Aryballe ; tombe 15.

traits verticaux entre les anses : tombe 8, tombe 50 (fig. 73 et 74).

Fig. 81. — Alabastre ; tombe 15.

C. *Tasses :*

Hautes, à rebord très évasé, anses verticales à profil très anguleux : tombes 12, 22 B 2, 74, 110, 205 (fig. 75 et 76).

D. *Cotyle protocorinthien :*

Tombe 8.

E. *Aryballe géométrique protocorinthien :*

Tombe 8 (fig. 77).

F. *Amphores :*

Même style que les œnochoés du type 1-3 (t. 8).

G. *Cratère :*

Tombe 160 (fig. 78). (Cf. L. Lerat, *o. c.*, p. 343, fig. 30).
Presque toute cette céramique est sûrement d'importation
corinthienne et datée de la seconde moitié du VIII⁰ siècle. Elle
permet de dater un grand nombre de marmites globulaires à

Fig. 82. — Cratère à colonnettes ; tombe 96.

haut rebord évasé et anses relevées (cf. tombe 8, dernier quart
du VIIIᵉ siècle).

BRONZES.

Les trouvailles ont été relativement pauvres et les objets ont
été souvent brûlés ; ce sont des bracelets, des fibules, des
anneaux.

Le VIIᵉ siècle est très mal caractérisé à Médéon comme on
l'a vu plus haut. Il n'y a pas d'innovation dans les pratiques
funéraires avant le début du VIᵉ siècle où les petites cistes

rectangulaires supplantent définitivement les fosses à incinération. Un bon nombre de gros pots (marmites, pithos) trouvés
sans contexte doivent appartenir à cette époque (fig. 79) ; certains
vases géométriques tardifs peuvent être du début du VIIe siècle.

Les premières cistes rectangulaires en dalles de calcaire
dressées et bien travaillées datent des dernières années du
VIIe siècle.

IV

L'époque archaïque
Fin du VIIe-début du Ve siècle

La tombe 1 (1 m × 0,59 m) trouvée malheureusement éventrée,
est de cette époque ; elle avait dû servir pour une deuxième
inhumation (dont tout reste avait d'ailleurs disparu), car les
quelques ossements et le mobilier de la tombe archaïque avait
été repoussé dans le coin Sud-Ouest de la tombe. Elle contenait
deux fibules de bronze (type *FD* V, p. 112, no 581, fig. 392) et
deux petits vases corinthiens : un aryballe sphérique décoré
de deux sphinx affrontés et un alabastre en goutte ; décor :
un coq ; dessin soigné avec incisions, rosaces incisées (cf. pour
l'alabastre, *Necrocorinthia*, pl. 17 no 4 ; pour l'aryballe, pl. 21,
no 7).

La tombe 26, du début du VIe siècle, est une petite tombe
d'enfant (ciste de 0,50 m × 0,25 m) qui contenait deux aryballes
globulaires, l'un à décor de comastes. Ce type d'inhumation et de
mobilier demeure inchangé pendant presque tout le VIe siècle.
Beaucoup de ces tombes sont des tombes d'enfant où aucun reste
de squelette n'a été retrouvé. Le nombre des petits vases varie
de un (tombes 2, 26, 101, 128, 144, 158) à six (t. 49) et même
sept (tombe 78). L'aryballe globulaire est de loin le type le
plus commun et généralement sans décor figuré (fig. 80).
L'alabastre est beaucoup plus rare (tombes 1, 15, 78, 101)
(fig. 81). Dans la seconde moitié du siècle on trouve des formes
nouvelles à côté des aryballes récents, en particulier des skyphoi
miniatures corinthiens (dont la présence se maintient au
Ve siècle).

La tombe 70 est intéressante à plusieurs titres : elle appartient
à cette période de transition où voisinent aryballes et skyphoi
miniatures, mais elle contenait aussi un lécythe à figure noire
(fig. 83) qui est bien daté grâce à deux parallèles avec les tombes
de Rhitsona (Ure, *Sixth and Fifth Century Pottery from Rhitsona*,

pl. 12, tombe 121, n° 126, et tombe 59, n° 127) : la forme est celle du lécythe de la tombe 59 ; le décor est tout à fait semblable à celui d'une œnochoé de la tombe 126 de Rhitsona et semble bien être du même peintre : un homme courant vers la gauche, entre deux femmes debout. La tombe 70 de Médéon est donc datée d'après les tombes de Rhitsona, de 530 environ.

Fig. 83. — Lécythe ; tombe 70.

Dans le dernier tiers du siècle, les aryballes disparaissent : une coupe à figure noire de cette époque est isolée dans la tombe 73. On trouve désormais un lécythe et une coupe (tombe 86), un lécythe et un skyphos miniature (tombe 126).

Dans la période suivante, le lécythe à corps cylindrique n'est pas représenté ; en revanche, on trouve assez souvent des œnochoés trilobées en cloche (cf. *AJA* 1931, p. 19) : tombes 32, 36, 72, 135, associées à des skyphoi miniatures et parfois à des figurines de style sévère (tombe 36). Cette tombe 36 est une des

Fig. 84. — Oenochoé ; tombe 92.

plus intéressantes ; elle a été perturbée par l'implantation de tombes postérieures autour d'elle mais le mobilier était resté en place ; aucun reste d'ossements n'a été retrouvé et il s'agit très probablement d'une tombe d'enfant : elle contenait : trois skyphoi miniatures, cinq petites coupelles, une œnochoé trilobée en cloche, une petite pyxide, un guttus et quatre figurines du début du ve s. : un coq, une femme assise, une femme debout tenant une fleur, une autre femme debout ; d'autres figurines de la même époque ont été trouvées dans les t. 243 et 252.

V

Le IVᵉ Siècle

Aucune tombe ne peut actuellement être attribuée avec certitude à la seconde moitié du vᵉ siècle. Mais un groupe assez important de petites cistes, toujours de même technique,

Fig. 85. — Oenochoé ; tombe 150.

peut être attribué aux dernières années du vᵉ siècle et à la première moitié du ivᵉ. La datation est assurée par des parallèles avec Rhitsona et Corinthe. Le mobilier, généralement peu abondant, comprenait :

1) *Skyphoi :*

a) de type corinthien, à profil régulier et lèvre déversée vers l'intérieur (tombes 102, 188, 207) ;

b) de type attique, à profil encore non angulaire (tombes 34, 40, 92, 113, 149, 180, 262).

Fig. 86. — Pélikè ; tombe 216.

2) *Tasses à une anse* (tombes 34, 39, 113).

3) *Oenochoés :*

a) côtelées (tombes 34, 113) ;

b) trilobées droites (tombe 39) ;

Fig. 87. — Pélikè corinthienne ; tombe 227.

c) à embouchure ronde et col en trompette (fig. 84) (tombes 92, 188).

4) *Lécythe aryballisque* (tombe 102).

5) *Coupes à une anse* à vernis noir (tombes 34, 149, 207).

Dans la seconde moitié du IVe siècle, on constate un renouvellement des coutumes funéraires : les cistes s'allongent et on commence à utiliser de grands sarcophages en terre cuite ou en calcaire tendre où le mort est étendu, bras croisés, les jambes légèrement repliées. On prend l'habitude de lui mettre des monnaies dans la bouche et de déposer autour de lui un grand nombre d'offrandes : vases à verser l'eau et le vin (fig. 85), coupes et tasses, amphores. On a déjà vu un très bel exemple des inhumations du début de cette période avec la tombe 227 (fig. 87). Celle-ci fait partie d'un groupe homogène de 6 tombes caractérisées par l'inhumation en sarcophage, la présence de skyphoi de type attique évolué à profil plus angulaire, de petites œnochoés à panse ronde, col étroit, embouchure trilobée et anse haute et — critère négatif qui les distingue des sarcophages de date plus basse — l'absence de monnaies et de coupes à deux anses : tombes 181, 202, 216, 227, 234, 244. Ce groupe doit se situer entre 350 et 330 (fig. 86).

Les tombes 22 et 139 constituent un groupe nettement plus récent caractérisé par la présence de coupes à deux anses à profil angulaire (fig. 88 et 89) ; la tombe 22 étant datée par des monnaies d'Alexandre, ce groupe est nécessairement postérieur à 330. Les tombes 3, 68, 94, 136, 157, et 189 qui contenaient soit des skyphoi de type attique évolué, soit des petites œnochoés à panse ronde, sont certainement postérieures à 350 et antérieures à 300.

VI

Le IIIe siècle

Plusieurs tombes sont datées avec certitude du deuxième quart du IIIe siècle par les monnaies : tombes 41, 42, 75 (monnaies étoliennes postérieures à 279). A côté de types déjà connus (coupes et œnochoés) (fig. 92) elles présentent des types nouveaux : cruches à anse double non vernies (fig. 91), bols, unguentaria à panse ronde, qu'on trouve par ailleurs dans des tombes moins bien datées, associés à des askoi, type nouveau lui aussi (fig. 93). On peut donc considérer que la présence des askoi, des cruches

Fig. 88. — Oenochoé ; tombe 139.

Fig. 89. — Coupe ; tombe 139.

Fig. 90. — Canthare ; tombe 9.

Fig. 91. — Cruche à anse double ; tombe 9.

à anse double et des unguentaria définit un groupe qui doit se dater des années 300-250. Bien qu'on n'ait jamais trouvé d'askoi associés dans la même tombe à des cruches à anse double, la présence dans les tombes 59 C (askos) et 60 (cruche à anse double) de coupes décorées de guirlandes sorties à coup sûr du même atelier nous contraint à les ranger dans le même groupe, qui comprend donc les tombes 6, 7, 9, 10, 18, 41, 42, 59 A, B, C, 60, 60 *bis*, 62, 62 *bis*, 63, 75, 76, 115, 115 *bis*, 129, 129 B, 146, 147. Un grand nombre d'entre elles contenaient des strigiles et des monnaies. Il est bien clair que les monnaies ne donnent jamais qu'un *terminus post quem* : dans la tombe 41 on trouve, à côté des monnaies étoliennes, une monnaie d'argent d'Oponte qui ne peut pas être postérieure à 338 ; mais le caractère de la céramique ne permet pas d'abaisser les dates de ces tombes au-delà de 250 environ :

— cruches à anse double : (9, 41, 59 A, 60, 62, 115) ;

— askoi à embouchures opposées correspondant à deux récipients isolés, anse en panier, dessus conique à bouton (fig. 93) : (6, 18, 59, 76, 129 A, 129 B ; 147)[1] ;

— unguentaria : (10, 75, 115, 146, 147) ;

— coupes : (6, 18, 41, 59, 60, 63, 73, 129 B, 139) ;

— petites œnochoés : (42, 63, 146) ;

— skyphoi « attiques » : (7, 9, 115) ;

— amphores à vernis noir : (75) ;

— amphores non vernies : (60, 62, 115) ;

— cruches à une anse non vernies : (9, 75) ;

— bols : (42, 62) ;

— lampes : (10, 129 B) ;

— canthares côtelés : (9) (fig. 90) ;

— plat : (63).

On a trouvé plusieurs fois des inhumations superposées, qui, malheureusement, ne permettent pas de préciser davantage la chronologie de cette céramique. Ces inhumations successives ont été faites à des dates trop rapprochées pour qu'on puisse distinguer une différence dans les types, la forme ou le décor des vases. La presque totalité de ces tombes a été trouvée au col ; c'est donc dans les premières années du IIIe siècle que

---

(1) Ces askoi ont été déjà publiés par A. Bovon et Ph. Bruneau, *BCH*, 90, 1966, pp. 132-135.

Fig. 92. — Oenochoé ; tombe 75.

Fig. 93. — Askos ; tombe 147.

Fig. 94. — La plaine au début de la fouille (vue de l'Acropole).

Fig. 95. — La tour franque.

la nécropole, installée depuis quatre siècles sur la colline, s'étend
sur l'emplacement du cimetière mycénien et géométrique.
C'est peut-être dans ces mêmes années que furent construits
les puissants remparts qui protègent l'acropole au Nord et à
l'Ouest. La richesse relative des tombes montre aussi que le
début de la période étolienne fut une époque de prospérité
pour la cité. On n'en est que plus étonné de constater l'absence
de tombes postérieures à 250, comme si la population s'était
brusquement déplacée en masse. En fait, deux sondages ont
donné la preuve que le site était encore occupé à la fin du
IIe siècle. Si cette occupation n'a pas été très temporaire ou
sporadique, les tombes, s'il y en a, ont peut-être été placées plus
au Sud, sur les pentes qui descendent vers la mer ou vers la plaine,
et qui n'ont pas encore été explorées. On ne peut donc pas
conclure avec certitude à un abandon du site au milieu du
IIIe siècle. En revanche la céramique romaine est à peu près
inconnue sur l'acropole et au col. Dès le Ie siècle avant notre
ère, la cité était désertée. A l'époque impériale, seule la plaine
sera occupée.

VII

L'établissement romain et médiéval de la plaine

A. Autour de l'Église

(rapport de Tony Hackens)

Le but des fouilles autour de l'église était double : reconnaître
les époques d'occupation ; définir l'étendue du site et la nature
des édifices qui entouraient l'église (fig. 94 et 95).

A. *L'époque romaine* est représentée par un ensemble de
bâtiments (fig. 96) situés au-dessous de l'église et s'étendant aussi
vers l'Ouest (D, E 4) et le Sud (F, G, H 2 et 3). Peut-être s'agit-il
d'une grande villa. Au Sud, on a pu identifier une pièce à sol de
mosaïque (G 2) et une installation thermale (G 3). A l'Ouest,
un seuil monumental (D 4) est daté par une monnaie d'Aurélien
(Cohen 2, t. 6, p. 183, n. 60 var.) trouvée au-dessus du sol
correspondant et fournissant un terminus *ante quem* pour la
construction de cet ensemble.

1º *L'installation thermale* (fig. 99). Un hypocauste installé
en G 3 comportait d'abord deux absidioles opposées, à l'intérieur
desquelles le sol était supporté par des piliers de briques rondes

(G, H 3). Plus tard, furent ajoutés des piliers de briques quadrangulaires et, au Nord, fut établi un deuxième élément d'hypocauste, comportant lui aussi probablement une abside (dont seul le départ est conservé), et dont le sol était également porté par des piliers de briques quadrangulaires. A une époque ultérieure, fut aménagé un dispositif de baignoires individuelles. Un dernier état est représenté par une citerne construite sur l'emplacement des baignoires quand celles-ci eurent cessé de servir. La destruction du site peut être datée dans ce secteur par une couche d'incendie observée au Sud des absidioles de l'hypocauste (H 3). Cette couche contenait notamment des lampes et des monnaies dont la date la plus basse semble être le vi^e siècle ap. J. C. (fig. 101). L'aménagement de la citerne pourrait être postérieur à cet incendie, si l'on en juge par l'absence de couche brûlée à l'intérieur.

2º *Pièce à sol de mosaïque* (F, G 2). Elle a connu elle aussi plusieurs états : à une époque correspondant sans doute à celle de la construction des baignoires, certaines portes y furent murées. A l'époque d'occupation la plus récente, alors que la mosaïque était déjà partiellement détruite, la pièce fut divisée en trois compartiments.

3º *Un pressoir à olives*, au Sud de l'église, retrouvé à un niveau profond, date probablement de l'époque romaine tardive.

La fin du vi^e siècle marque la fin de cette phase dans l'histoire du site (couche d'incendie).

B. *Au XIe siècle*, fut installé un monastère entourant une église comparable par son architecture et son décor sculpté, à la grande église d'Hosios Loukas. Ce monastère a connu une période florissante de la fin du xie siècle au milieu du xiiie siècle. La céramique recueillie est généralement importée de Corinthe (fig. 102-104).

Divers sondages ont permis de reconnaître l'extension des bâtiments conventuels. Ils se développent surtout à l'Ouest (E, F, 7) et au Sud (I, 4-5), moins largement vers l'Est et le Nord (D 1 et A 2-3). A l'Est ont été explorées de petites pièces contenant de la céramique commune, dans l'une d'elles on a constaté la présence d'un foyer. Vers l'Ouest, une série de pièces de dimensions analogues s'alignent d'Est en Ouest, limitant une cour intérieure. C'est à l'absence de construction médiévale dans cette cour que les bâtiments romains doivent sans doute d'être conservés à faible profondeur, alors que partout ailleurs, ils étaient ruinés jusqu'aux fondations. A l'Ouest, ont été

Fig. 97. — Mur nord de la tour.

Fig. 98. — La plaine à la fin de la fouille.

Fig. 99. — Hypocauste romain.

Fig. 100. — Huilerie byzantine.

retrouvés une huilerie et ses dépendances : (D, E, 4 et 5) :trois
moulins à huile, réservoir (fig. 100). Plus loin on a découvert,
et partiellement fouillé, une grande salle rectangulaire à colon-
nade axiale (E, F, 5 et 7) : s'agit-il d'une trapéza ?

C. C'est au milieu du XIIIe siècle que l'église fut transformée
en tour (fig. 97 et 96) ; des monnaies trouvées dans les tranchées
de fondations l'attestent. Le monastère, détruit, fit place à un
système défensif à double enceinte. La destruction violente de la
tour elle-même est datée par la découverte d'un trésor de
monnaies dans le secteur C 2. Ces monnaies sont pour la plus
grande partie vénitiennes ; autant qu'on peut en juger, les plus
récentes sont celles du doge Andrea Contarini : (1368-82).

D. Après cette date, le site semble avoir été abandonné
progressivement ; un certain nombre de tombes éparses appartiennent à cette dernière période.

B. L'Église Byzantine
(rapport de Erik HANSEN)

L'église byzantine (et sa crypte), construite probablement
au XIe siècle fut transformée en tour fortifiée au XIVe siècle
(trouvaille de monnaies) tout en gardant sa signification reli-
gieuse.

ÉTAT PRIMITIF.

La crypte de l'église est formée de huit petites chambres avec
voûtes à berceau ou avec de petites coupoles accouplées (fig. 106).
Les chambres A, B, C, et D qui communiquent entre elles
par des portes forment un ensemble, avec entrées de l'extérieur
en B, D et probablement aussi en A au fond de la niche à l'Est.
F. et G, mais peut-être aussi E et H étaient à l'origine isolées
des autres pièces et n'avaient d'entrée que de l'extérieur.
G. et H. ont eu aussi chacune une fenêtre et une niche. Il est
possible qu'il y ait eu également des fenêtres en E. et F.
Le seuil des portes de la crypte se trouve un peu au-dessus
du terrain originel, tandis que le sol à l'intérieur — en plusieurs
cas recouvert de briques (par ex. en D) — est actuellement
env. 40 cm plus bas[1]. Cet enfoncement relativement faible de

_____

(1) Il est probable que ce revêtement appartient à l'époque où on a transformé
l'église en fortification. On trouve la même dans l'aile Sud ajoutée à ce moment
là.

Fig. 101. — Lampes romaines.

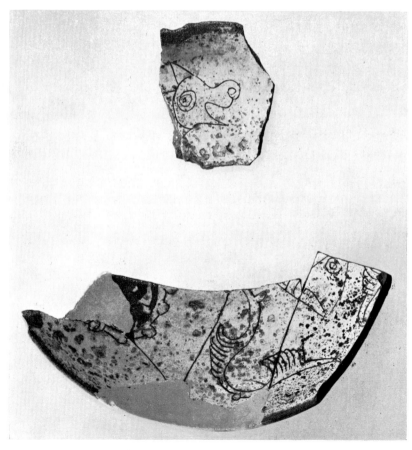

Fig. 102. — Plat byzantin, milieu XIIe siècle.

Fig. 103. — Plat byzantin, milieu xiie siècle.

Fig. 104. — Plat byzantin, milieu xiie siècle.

la crypte provient peut-être de ce que l'église était située en terrain humide. On a trouvé dans plusieurs pièces des squelettes, en B un véritable tombeau construit en pierres et en G une grande quantité d'ossements. On peut ainsi déterminer la fonction de cet étage de l'église comme crypte de sépulture et ossuaire.

Toute la disposition de la crypte est semblable à celle de Hosios Loukas et de Saint-Nicolas-des-Champs, près du lac Kopaïs (cf. O. Wulff, *Das Katholikon von Hosios Lukas und verwandte byzantinische Kirchenbauten* dans *Die Baukunst*, II, 11). A Hosios Loukas la partie centrale de la crypte en forme de croix contient la tombe du Saint et était probablement destinée à son culte. Il y a aussi d'autres tombeaux. Autour de cette partie centrale se trouve une quantité de petites chambres avec entrées de l'extérieur (maintenant depuis longtemps bouchées). A Saint-Nicolas-des-Champs, des chambres semblables communiquent seulement avec l'intérieur. Cette église est mentionnée dans un inventaire de Hosios Loukas en 1569. Elle ressemble aussi d'ailleurs par sa disposition architectonique à Hosios Loukas.

L'Église Supérieure (fig. 105) comporte un béma avec prothésis et diaconicon, tous avec des absides, circulaires à l'intérieur, polygonales à l'extérieur, et une salle centrale qui a eu sans aucun doute une coupole portée par huit colonnes adossées aux murs. Six d'entre elles reposent solidement sur les murs de la crypte, tandis que les deux de l'Ouest sont soutenues par des piliers qui ne sont pas en liaison avec les murs. Il est ainsi possible qu'on ait envisagé primitivement de construire une coupole qui devait reposer directement sur les murs latéraux de l'église, mais qu'on ait modifié le projet au cours de la construction. L'introduction des colonnes a contribué à diminuer la poussée horizontale de la coupole sur les contreforts extérieurs relativement faibles (fig. 108 et 109).

Ces contreforts, deux au Nord, et deux au Sud, ne descendent pas jusqu'au sol mais reposent sur de grands blocs en calcaire encastrés dans les murs entre les deux étages. On trouve une disposition identique dans l'église serbe de Nagoričino (G. Millet, *L'ancien art serbe, les églises*, Paris 1919). Sans doute les contreforts ont été liés en haut par une arche portant un toit, ce qui de l'extérieur ressemble à un transept (cf. aussi St-Nicolas-des-Champs, où les piliers descendent jusqu'au sol).

La salle centrale a eu trois ouvertures descendant jusqu'au dallage ; mais très probablement celles du Nord et du Sud

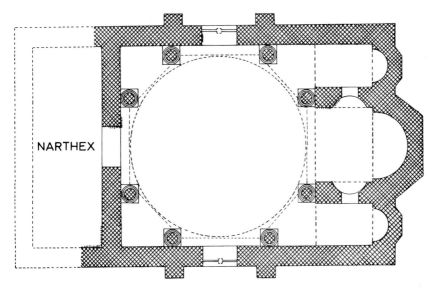

Fig. 105. — Église byzantine, niveau supérieur.

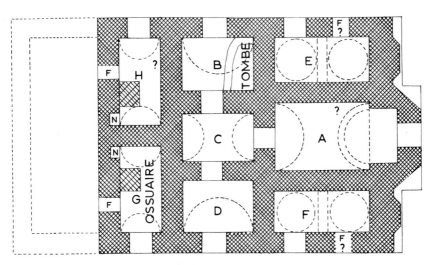

Fig. 106. — Église byzantine, crypte.

Fig. 107. — Église : porte du narthex.

Fig. 108. — Marbre antique retaillé en chapiteau.

étaient seulement des fenêtres avec un parapet de marbre à la partie inférieure. Seule l'ouverture du côté de l'Ouest était une porte (fig. 107).

L'accès à l'église supérieure devait se faire depuis le narthex, dont l'existence est prouvée par plusieurs indices sûrs :

1) les fondations de l'aile Ouest de la fortification. Très probablement celle-ci repose entièrement sur les fondations du narthex de l'église primitive ;

2) des prolongations des murs Nord et Sud de l'église supérieure ;

3) des restes de fresques à l'extérieur du mur Ouest de la salle centrale.

On ne trouve aucune trace de voûte entre les deux étages du narthex. Il y avait probablement un plancher en bois. On pourrait supposer un accès à l'étage supérieur par un escalier également en bois dans le narthex même ou par un escalier extérieur à l'Ouest.

La crypte et l'église supérieure sont sans aucun doute contemporaines. Toute la disposition de la crypte avec ses murs, la niche dans l'axe du mur Est et le narthex supposent une église supérieure ; on constate la même relation entre les deux étages à Hosios Loukas et à Saint-Nicolas-des-Champs où on a aussi la même différence entre l'appareil plus grossier en bas et plus soigné en haut.

L'église appartient à une architecture qui fut introduite en Grèce avec le Katholikon de Hosios Loukas où le schéma traditionnel de la coupole centrale portée par quatre piliers ou colonnes est remplacé par une coupole plus grande reposant sur les murs latéraux de l'église. Le même type est représenté aussi par l'église du monastère de Daphni, Aghios Nicodémos à Athènes, Aghioi Théodoroi à Mistra, Néa Moni et Krina à Chios ; dans les deux dernières la coupole est portée par des colonnes ou des piliers adossés aux murs comme à Médéon.

ÉTAT SECONDAIRE. TOUR DE FORTIFICATION.

L'Église ne semble pas avoir subi de changements essentiels avant la transformation en tour fortifiée au xive siècle. A ce moment-là on a ajouté des ailes aux côtés Nord, Sud et Ouest, tandis qu'on a renforcé le côté Est avec un manteau à l'extérieur.

Les ailes Nord et Sud ont des voûtes à berceau portées contre le mur de l'église par des arches d'une épaisseur de 30 cm ; celles-ci sont soutenues par de gros piliers construits sous les contreforts de l'église qu'on a consolidés de cette manière.

Les voûtes des ailes Nord et Sud sont de construction assez disparate, celle du Nord est faite de blocs soigneusement taillés en poros, celle du Sud de briques et de pierres. L'aile Ouest n'a pas de voûte. Il est très probable que la transformation en tour a été faite en plusieurs étapes.

La moitié de la pièce au-dessous du diaconicon a été transformée en puits.

A l'exception d'une fenêtre ou meurtrière dans le mur Ouest il n'y a aucune ouverture dans les murs épais de l'étage inférieur de la tour. L'entrée de celle-ci se trouvait probablement à l'angle Sud-Ouest de l'église, où on a ajouté un escalier extérieur. Il semble que le bâtiment a continué d'être utilisé comme église, puisqu'on a fait encore des inhumations près de ses murs et aussi dans la crypte.

Fig. 109. — Base, chapiteau et abaque.

ÉLÉMENTS DE BIBLIOGRAPHIE

J. G. Frazer, *Pausanias's description of Greece*, V, p. 452-453.

Pierre Amandry, *BCH* 64-65 (1940-1941), p. 273.

Georges Daux, *Chronique des Fouilles: BCH* 87 (1963), p. 839-843 ; *ibid.* 88 (1964), p. 850-851 ; *ibid* 89 (1965), p. 907 ; *ibid.* 90 (1966), p. 934.

Anne Bovon et Philippe Bruneau, *BCH* 90 (1966), p. 132-135 (sur les *askoi* trouvés dans les fouilles de Médéon).

Olivier Pelon, *BCH* 91 (1967), p. 862-870 (fouille d'une tombe à tholos sur l'acropole de Médéon).

TABLE DES FIGURES

TABLE DES MATIÈRES

IMPRIMERIE A. BONTEMPS

LIMOGES (FRANCE)

Dépôt légal : 3e trimestre 1969